W0105251

Das kleine
Buch
vom Innehalten

Die Originalausgabe erschien 2018 in Großbritannien unter dem Titel »Pause Every
Day« bei Aster, einem Imprint von Octopus Publishing Group Ltd, Carmelite House,
50 Victoria Embankment, London EC4Y 0DZ, England.

Die in diesem Buch vorgestellten Informationen und Empfehlungen sind nach
bestem Wissen und Gewissen geprüft. Dennoch übernehmen die Autorin und der
Verlag keinerlei Haftung für Schäden irgendwelcher Art, die sich direkt oder indirekt
aus dem Gebrauch der hier beschriebenen Anwendungen ergeben. Bitte nehmen Sie
im Zweifelsfall bzw. bei ernsthaften Beschwerden immer professionelle Diagnose und
Therapie durch ärztliche oder naturheilkundliche Hilfe in Anspruch.

Sollte diese Publikation Links auf Webseiten Dritter enthalten, so übernehmen wir
für deren Inhalte keine Haftung, da wir uns diese nicht zu eigen machen, sondern
lediglich auf deren Stand zum Zeitpunkt der Erstveröffentlichung verweisen.

Taschenbucherstausgabe 05/2019
Copyright © 2018 by Danielle Marchant
Copyright Design, Layout und Illustrationen © 2018 by
Octopus Publishing Group Ltd
All rights reserved. Danielle Marchant asserts the moral right to be identified as
the author of this work.
Copyright © dieser Ausgabe 2019 by Wilhelm Heyne Verlag, München, in der
Verlagsgruppe Random House GmbH, Neumarkter Straße 28, 81673 München
Alle Rechte sind vorbehalten.
Redaktion: Dr. Diane Zilliges
Umschlaggestaltung: Guter Punkt, München unter Verwendung eines Motivs von
© Le Panda/Shutterstock (Baum), © knysh ksenya/Shutterstock (Frau)
Art Director: Yasia Williams-Leedham
Designer: Sally Bond
Satz: Vornehm Mediengestaltung GmbH, München
Printed and bound in China.
ISBN 978-3-453-70366-7

www.heyne.de
www.facebook/Integral.Lotos.Ansata

Das kleine Buch

vom Innehalten ● ● ●

Bewusste Pausen für mehr Ruhe, Klarheit und innere Balance

Aus dem Englischen übersetzt
von Karin Weingart

DANIELLE MARCHANT

WILHELM HEYNE VERLAG
MÜNCHEN

Inhalt

Einführung

Das Leben — ein Übungslauf

Die Philosophie des Innehaltens ist tief in mir verwurzelt. Dabei spreche ich nicht von Alltagsflucht, sondern im Gegenteil: von *totaler Präsenz*. Nur die wenigsten von uns sind dafür gemacht, ihr Leben in einer Höhle zu verbringen (obwohl diese Vorstellung durchaus einen gewissen Reiz haben kann), und trotz der Unmengen an Retreats, die heute angeboten werden, kann man sich den Pflichten des Alltags nicht immer entziehen, oft nicht einmal für ein paar Tage. Und obwohl ich fest vom Nutzen solcher organisierten Rückzugsmöglichkeiten überzeugt bin, ist mir auch klar, dass sie im Hinblick auf Zeit, Geld oder auch beides der reine Luxus sind.

Die Idee des Innehaltens stellt die Einladung dar, näher an sich heranzurücken; gleichzeitig möchte ich Sie ermutigen, sich auf Ihre Umwelt einzulassen, wie sie nun einmal ist. Alles in allem ermöglicht es Ihnen die Lebensweise des Innehaltens also, ganz Sie selbst zu sein.

Auf den nächsten Seiten stelle ich Ihnen eine Reihe von Übungen zum Ausprobieren vor. Manche können Sie regelmäßig, ja täglich durchführen, was vielleicht sogar besonders effektiv wäre. Andere eignen sich eher für bestimmte Situationen oder Umstände. So oder so haben sie mir alle in den letzten zwanzig Jahren irgendwann einmal sehr geholfen.

Wichtig ist aber, dass Sie dieses Buch nicht als Ansammlung neuer Anforderungen betrachten, die an Sie gestellt werden, also als weiteren Punkt auf Ihrer endlosen To-do-Liste. Das Innehalten, um das es hier geht, ist etwas viel Sanfteres, Humaneres, Behutsameres.

Wie oft denken wir, dass wir eigentlich schon viel weiter sein sollten! Diese Lektion müsstest du doch längst gelernt und hinter dir gelassen haben, flüstert uns die selbstkritische Stimme in unserem Kopf zu. Im Glauben, nichts von dem, was wir gern lernen würden, schnell genug begreifen zu können, vergessen wir, dass es das ganze Leben (und womöglich noch viele weitere) dauert, bis wir die Erkenntnisse, die unsere Seele gewinnen möchte, intus haben. Sich klarzumachen, dass wir überhaupt nur auf der Welt sind, um zu lernen – egal wie lange es dauert –, kann den Druck etwas nehmen.

Die Kraft des Innehaltens liegt in seiner Einfachheit – denn ist das Leben nicht schon kompliziert genug? Und denken Sie daran: Sie haben hier kein Buch mit Anleitungen oder Vorschriften vor sich; wenn Sie aber die Gelegenheit wahrnehmen wollen, zwischendurch immer wieder einmal innezuhalten, können Ihnen die einfachen Übungen, die es enthält, dabei helfen.

Sollten Sie auf der Suche nach einer Abkürzung sein (und mal ehrlich: Wer wäre das nicht?), könnten Sie sich eine der folgenden zehn Übungen zum Innehalten aussuchen und beobachten, wie sie sich auf Ihren Alltag auswirkt. Richtige Abkürzungen gibt es im Leben natürlich nicht; denn es ist ja gerade dafür da, voll und ganz gelebt und in seiner Totalität erfahren zu werden. Doch genau dabei können die Übungen helfen.

»Üb, üb, üb«, sagte ein Lehrer mal zu mir, »bis es dir zur zweiten Natur geworden ist.«

Übungen zum Innehalten

1. Langsam gehen.
2. Tief ein- und ausatmen.
3. Sich ausgewogen ernähren.
4. Offen und aufrichtig sprechen.
5. Achtsam mit Geld umgehen.
6. Mit sanftem Blick schauen.
7. Freundlich auf Menschen zugehen.
8. Frei denken.
9. Total lieben.
10. Bewusst leben.

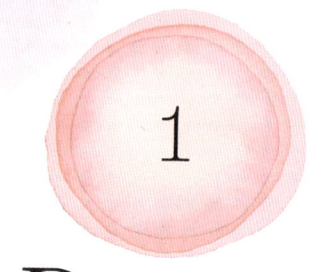

1

Eine Pause
für den
vielbeschäftigten Geist

Wie sich ein überlasteter Geist fokussieren lässt

Tag für Tag multitasken wir, ob wir es wollen oder nicht! Auf dem Weg zur Arbeit beantworten wir E-Mails. Von den vielen Aufgaben, die erledigt werden müssen, lassen wir uns stressen, checken das Smartphone sogar, während wir Essen vorbereiten und Hausarbeiten machen. Doch wenn Multitasken zur Norm wird, fühlen wir uns bald überfordert. Dann schlägt der Geist Purzelbäume, lässt sich ablenken und nur schwer auf das fokussieren, was gerade zu tun ist. Da können wir noch so kompetent sein: Unter solchen Umständen werden selbst ganz leichte Aufgaben zur Riesenherausforderung.

Eine Möglichkeit, den Geist wieder auf Kurs zu bringen, ist die Spiralatmung. Sie zieht die Aufmerksamkeit vom geschäftigen Hin und Her Ihrer Gedanken ab und mindert so das Gefühl der Überforderung. Die Übung hilft Ihnen bei der Verbesserung Ihres Konzentrations- und Fokussierungsvermögens. Normalerweise besteht ein Atemzug aus zwei Teilen: Einatmen und Ausatmen. Bei der Spiralatmung sind es vier von gleicher Dauer. Und zwar:

1. Einatmen.
2. Atempause bei gefüllter Lunge.
3. Ausatmen.
4. Atempause bei entleerter Lunge.

Auf den folgenden Seiten beschreibe ich den Gesamtprozess. Jeder seiner Teile sollte so lange dauern, wie Sie brauchen, um bis sechs zu zählen. Ist Ihnen das zu lang, können Sie die Dauer so weit verkürzen, dass es Ihnen angenehm ist. Und bloß keine Hetze! Holen Sie tief Luft und lassen Sie den Atem sich langsam spiralförmig bewegen. Machen Sie diese Atemzüge zu den fokussiertesten und entspannendsten des ganzen Tages. Versuchen Sie nach dem Spiralatmen bewusst, bei höchster Konzentration eine kleine Aufgabe von A bis Z zu erledigen. Und denken Sie daran: Für ständiges Multitasken sind wir einfach nicht gemacht!

Innehalten mithilfe der Spiralatmung

Dauer: zehn bis fünfzehn Minuten
Häufigkeit: so oft Sie können!
Ort: am besten ein Plätzchen bei Ihnen zu Hause, an
dem Sie ruhig dasitzen können und nicht gestört werden

Vorbereitung

• Zünden Sie als Erstes eine Kerze an. Sagen Sie sich,
dass Sie die folgenden Minuten ganz der Spiralatmung
widmen und es in dieser Zeit nichts Wichtigeres geben
kann.

• Setzen Sie sich bequem hin und fokussieren Sie sich
auf Ihre normale Atmung. Versuchen Sie momentan
noch nichts daran zu ändern, atmen Sie einfach wie
üblich ein und aus.

• Entspannen Sie sich beim Atmen, lassen Sie jegliche
körperliche Anspannung los. Schließen Sie die Augen.

Übung

- Holen Sie tief Luft, während Sie bis sechs zählen, und lassen Sie Ihren Atem spiralförmig die Wirbelsäule hochsteigen.

- Legen Sie eine Atempause bei gefüllter Lunge ein, während Sie erneut bis sechs zählen. Beim Ausatmen – Sie zählen wieder bis sechs – bewegt sich die Luft ganz wie von selbst spiralförmig die Wirbelsäule hinab.

- Auf sechs: Atempause bei entleerter Lunge.

- Wiederholen Sie den Vorgang: einatmen und den Atem spiralförmig die Wirbelsäule hochsteigen lassen, Atempause bei gefüllter Lunge, ausatmen, Luft spiralförmig die Wirbelsäule hinabschicken, Atempause bei entleerter Lunge.

- Wiederholen Sie die vierteilige Atmung zehnmal.

- Nachdem Sie die zehn Atemzüge vollendet haben, bleiben Sie mit geschlossenen Augen ruhig sitzen. Lassen Sie sich auf die Wirkung der Spiralatmung ein und kehren Sie dann allmählich zum normalen Atmen zurück.

- Übereilen Sie jetzt nichts. Nehmen Sie sich Zeit. Spüren Sie, wie es sich anfühlt, viel fokussierter zu sein als sonst.

Den übereifrigen Geist mit einer einzigen simplen Gewohnheit einbremsen

Die folgende Übung dient Ihrer Entspannung in Situationen, in denen Sie sich besonders unter Druck fühlen. Praktizieren Sie sie, um Stress oder Spannungen abzubauen und besser mit Herausforderungen klarzukommen. Anschließend werden Sie sich relaxt und leicht fühlen.

Innehalten mithilfe des ausgeglichenen Atmens

Dauer: weniger als fünf Minuten
Häufigkeit: wann immer Ihr Geist überlastet ist
Ort: überall – im Bus, während einer Besprechung,
im Yogakurs

Vorbereitung
• Stellen Sie Ihr Smartphone stumm.

Übung
• Setzen oder stellen Sie sich bequem hin und lassen Sie sich einen Moment Zeit, um bei sich anzukommen. Gestatten Sie sich innezuhalten und sich zu entspannen. Sie müssen nichts tun. Dies ist allein Ihre Zeit.

• Bei dieser Übung atmen Sie ausschließlich durch die Nase ein und aus. Schließen Sie den Mund und atmen Sie bis vier zählend durch die Nase ein und dann bis vier zählend aus. Dies wiederholen Sie zehnmal.

• Während Sie dann in Ihrem normalen Rhythmus weiteratmen, registrieren Sie das Maß, in dem Geist und Nervensystem bereits zur Ruhe gekommen sind.

• Mit zunehmender Übung können Sie Ihre Zählzeit bis sechs erweitern. Später vielleicht sogar bis acht, wenn Sie mögen. Aber ein Vierer- oder Sechsertakt ist auch in Ordnung – wie es Ihnen eben am meisten behagt.

2

Innehalten
und zur Ruhe kommen

Ängste abbauen und sich beruhigen

Angst ist eine ganz normale Reaktion auf neue, schwierige Situationen. Für viele ist sie mittlerweile jedoch zu einer alltäglichen Begleiterin geworden.

In diesem Fall muss man sich nicht allein mit den körperlichen Symptomen wie etwa Atemnot, Spannungskopfschmerz oder Übelkeit auseinandersetzen; auch das klare Denken wird erschwert. Selbst einfachste Entscheidungen geraten dann zu schier unüberwindlichen Hindernissen. Sie wirken zudem viel dringlicher, als sie eigentlich sind, sodass man sich schließlich in einem Moment genötigt sieht, etwas zu beschließen, in dem man seine Optionen und Möglichkeiten nicht in aller Deutlichkeit erkennen kann. Was wiederum den Teufelskreis der Angst nur noch verstärkt.

Was dagegen hilft, ist, dass Sie Ihre persönlichen Angstsymptome kennen. Bekommen Sie Kopfschmerzen? Herzrasen? Beobachten Sie ein leichtes Zittern? Verspannungen im Brustbereich? Oder wie sonst äußern sich Ängste bei Ihnen?

Bei Angst engt sich der Brustbereich ein, was wiederum das Atmen erschwert und die Angst verstärkt. Die folgende einfache Übung wird Ihnen helfen, wieder zur Ruhe zu kommen. Durchführen können Sie sie jederzeit und überall. Und das Beste daran: Niemand wird merken, was Sie da tun!

Innehalten mithilfe der Bauchatmung

Dauer: fünf Minuten
Häufigkeit: wann immer Sie Angst empfinden
Ort: überall

Vorbereitung

• Erkennen Sie Ihre Angstauslöser und -symptome.

Übung

• Beginnen Sie mit der Übung, indem Sie durch die Nase tief bis in den Bauch einatmen. Atmen Sie anschließend sanft durch den Mund aus, ganz so, als würden Sie eine Kerze ausblasen.

• Dieses In-den-Bauch-Atmen hilft mit der Zeit, Enge und Anspannung im Brustbereich aufzulösen. Nehmen Sie so viele Atemzüge, wie Sie mögen. Drei bis vier vielleicht oder auch zehn und mehr – bis Sie spüren, dass die Angst abnimmt und Sie wieder zur Ruhe kommen.

• Versuchen wir es mit drei Atemzügen: Holen Sie tief durch die Nase Luft und lassen Sie sie bis weit in den Bauch hinein vordringen. Dann atmen Sie durch den Mund aus, als wollten Sie eine Kerzenflamme ausblasen. Diesen Vorgang zweimal wiederholen.

• Kehren Sie dann zu Ihrem normalen Atemrhythmus zurück. Wie fühlen Sie sich nach dieser Übung?

Zeit gewinnen, wenn das Chaos überhandnimmt

Ihr Terminkalender quillt über? Dann müssen Sie unbedingt zusehen, dass Sie genügend Zeit für sich freiräumen. Anderenfalls werden Sie immer den Kürzeren ziehen.

Die folgende Übung beruht auf Planung. Doch sobald Sie es einmal gewohnt sind, Zeitkontingente für sich zu blocken, wird es Ihnen leichter fallen und ganz natürlich vorkommen.

Innehalten mithilfe des Kalenders

Dauer: fünfzehn bis zwanzig Minuten
Häufigkeit: wöchentlich
Ort: zu Hause oder am Arbeitsplatz

Vorbereitung

• Sie benötigen entweder Ihren elektronischen oder einen Taschen- beziehungsweise Tischkalender und einen Stift.

Übung

• Am Anfang oder Ende jeder Woche (was besser für Sie passt) nehmen Sie sich Ihren Kalender für die folgenden vier Wochen vor. Als Erstes blockieren Sie Ihre täglichen Essenszeiten – Frühstück, Mittag-, Abendessen. Sollte das neu für Sie sein oder sich merkwürdig anfühlen, machen Sie sich einfach klar, dass es ohne Essen nicht geht! Desgleichen planen Sie Ihre Wege zur und von der Arbeit ein. Und gegebenenfalls auch die Zeit, die Sie brauchen, um Ihre Kinder zur Schule zu bringen.

- Als Nächstes schauen Sie sich Ihre beruflichen Termine an. Gibt es da welche, die unmittelbar aufeinander folgen? Reduzieren Sie in solchen Fällen jeden davon um zehn oder fünfzehn Minuten. Gewöhnen Sie sich an, zwischen kürzere Termine genügend lange Puffer zu legen – schließlich brauchen Sie Zeit, um das eine Treffen zu verdauen, bevor Sie beim nächsten neue Informationen aufnehmen können.

- Betrachten Sie danach Ihre persönlichen Termine. Ist genügend Zeit für die Fahrten eingeplant? Gibt es Überschneidungen, die Sie korrigieren müssen? Und haben Sie den Dingen, die Ihnen am wichtigsten sind, auch höchste Priorität eingeräumt, also etwa Fitnessstudio oder Yogakurs?

- Als Letztes kommen die Wochenenden dran. Haben Sie genügend Zeiten für Nichtstun reserviert, Zeiten zur freien Verfügung? Wenn nein, planen Sie diese jetzt ein, indem Sie sie im Kalender blockieren. Das ist wichtig! Beim Schaffen von Freiräumen sind Ihre Bedürfnisse nicht weniger wichtig als die anderer. Denn für Ihre Mitmenschen können Sie nur richtig da sein, wenn Sie sich auch Ihrer selbst annehmen.

3

Innehalten

und sich vitalisieren

Wie Sie zu neuer Energie kommen, wenn Ihr Tank leer ist

Die meisten von uns haben manchmal Zeiten, in denen sie sich am liebsten in eine Decke kuscheln und abtauchen würden. Doch aufgrund der vielfältigen Aufgaben und Verantwortungen machen sie einfach weiter, als wäre nichts.

Das Problem dabei: Ist der Tank erst einmal leer, muss sich der Körper enorm anstrengen, um nicht aus dem Gleichgewicht zu kommen. Und je mehr wir uns antreiben, desto größer wird die Erschöpfung. Eine Zeit lang mag das noch gut gehen. Doch wenn Sie wiederholt ans Limit gehen, nicht genügend Schlaf bekommen, extrem gestresst sind und sich unausgewogen ernähren, wird Ihr Körper auf Dauer ermüden, der Hormonspiegel gerät durcheinander, und das Chi (die Lebenskraft) geht verloren.

Was dagegen hilft: genügend Ruhe, gute Ernährung und Stressreduktion. Zusätzlich bietet sich die Stärkung des Chi in Ihrem Körper an. Die folgende Übung – »Den Himmel stützen« – entstammt dem chinesischen Qigong und ist perfekt dafür. Sie werden das Gefühl haben, voller neuer Energie zu sein.

Den Himmel stützen

Dauer: zehn Minuten
Häufigkeit: so oft Sie mögen
Ort: zu Hause oder im Büro, am besten jedoch
barfuß in einem Park oder Garten

Vorbereitung

• Lockern Sie Gürtel und allzu enge Kleidungsstücke;
wenn möglich, ziehen Sie die Schuhe aus.

Übung

• Stellen Sie sich aufrecht hin, die Beine bequem auseinander, die Arme hängen locker an den Seiten herunter,
die Augen sind offen. Fokussieren Sie sich auf Ihren
Atem. Atmen Sie langsam durch die Nase ein, bis tief in
den Bauch. Beim Einatmen heben Sie die Arme seitlich
an – bis über den Kopf.

- Sobald sich Ihre Hände über dem Kopf treffen, atmen Sie aus und verschränken die Finger. Die Handflächen zeigen zu Boden.

- Beim nächsten Einatmen drehen Sie die Hände mit weiterhin verschränkten Fingern so, dass die Flächen zum Himmel zeigen.

- Ausatmen. Schauen Sie zu Ihren Handrücken hoch. Atmen Sie dann wieder ein, möglichst noch etwas tiefer. Dabei recken Sie sich, als wollten Sie mit Ihren Händen den Himmel stützen. Bleiben Sie derweil auf Ihren Atem fokussiert.

- Während Sie die Arme an Ihre Körperseiten zurückführen, atmen Sie aus. Und noch ein bisschen tiefer, während Sie alle Spannung loslassen. Gerade auch die in Ihren Schultern.

- Wiederholen Sie diese Übung anschließend mindestens noch fünfmal. Fokussieren Sie sich dabei auf Ihre Atmung und entspannen Sie den Körper mit jedem Ausatmen etwas mehr.

Nach langer Bildschirmarbeit den Rücken entspannen

Wer lange vor oder über einem Bildschirm hockt – sei es Computer, Laptop oder Smartphone –, wird mit großer Sicherheit irgendwann eine gewisse Steifheit oder Anspannung im oberen Rückenbereich wahrnehmen, zwischen den Schultern. Dagegen hilft die Mobilisierung eines Teils der Wirbelsäule, der als dritter Brustwirbel oder auch Th 3 bekannt ist. Man kommt zwar etwas schwer an ihn heran, doch genau dafür sind die folgenden Dehnübungen gedacht. Zusätzlich sollten Sie die Schultern auch im Alltag nicht vernachlässigen: Drücken Sie sie, wenn Sie am oder über dem Bildschirm sitzen, bewusst nach hinten, um den Brustkorb zu öffnen.

Dehnung des Bereichs um den
dritten Brustwirbel

Dauer: zehn bis fünfzehn Minuten
Häufigkeit: täglich, je nach Bedarf
Ort: zu Hause oder am Arbeitsplatz. Für die
dritte Dehnung benötigen Sie eine Tür oder Wand.

Vorbereitung

- Lockern Sie Gürtel und Kleidungsstücke; wenn möglich, ziehen Sie die Schuhe aus.

- Stellen Sie sich hin, die Beine hüftbreit auseinander. Nehmen Sie sich etwas Zeit, um Ihre Füße auf dem Boden zu erspüren. Wie fühlt es sich an, einfach so dazustehen?

- Atmen Sie nacheinander viermal tief ein und sanft wieder aus. Mit jedem Atemzug senken sich Ihre Schultern etwas ab.

- Bewegen Sie nun Ihr rechtes Ohr sanft auf Ihre rechte Schulter zu. Anschließend kommt der Kopf in die Ausgangsposition zurück; danach geht das linke Ohr zur linken Schulter. drei Wiederholungen, dabei die Dehnung im Hals sukzessive erhöhen.

Fortsetzung

Übung

Dehnung eins:

- Bleiben Sie stehen, die Füße hüftbreit auseinander. Die Hände liegen an den Hüften. Beim Einatmen lehnen Sie sich zurück und drücken die Schulterblätter zusammen. Heben Sie die Brust an und legen Sie, wenn es Ihnen bequem ist, den Kopf in den Nacken.

- Beim Ausatmen schieben Sie Ihr Steißbein hoch und vor und machen einen runden Rücken; dafür ziehen Sie die Brust ein und legen das Kinn auf. Die Schultern sollten möglichst rund sein.

- Dies wiederholen Sie langsam fünfmal.

Dehnung zwei:

- Sie führen die Arme hinter den Rücken und verschränken die Finger beider Hände miteinander.

- Heben Sie nun die Arme so weit an, dass es Ihnen gerade noch bequem ist; die Schulterblätter nähern sich dabei an.

- Lehnen Sie den Kopf weit zurück und atmen Sie ein. Beim Ausatmen lassen Sie die Spannung los.

- Diesen Vorgang wiederholen Sie fünfmal.

Dehnung drei:

• Lehnen Sie sich mit den Händen gegen die beiden Seiten einer Türöffnung oder an eine Wand. Ihre Füße sind weiter hinten als die Hüften. Das Steißbein ist nach oben vorn angehoben.

• Nun beugen Sie die Ellbogen und bewegen die Brust vorwärts. Dabei schieben Sie den Th-3-Bereich vor und drücken die Schultern zusammen.

• Experimentieren Sie mit der Stellung der Hände und dem Winkel Ihres Kopfes, bis Sie die Haltung gefunden haben, in der Sie sich am wohlsten fühlen.

• Anschließend machen Sie die Arme wieder gerade, kippen das Steißbein etwas vor und führen Ihr Kinn an die Brust.

• Sobald Sie die effektivste Körperhaltung gefunden haben, beginnen Sie Bewegungen und Atem aufeinander abzustimmen – vor: einatmen, zurück: ausatmen.

• Dies wiederholen Sie langsam fünfmal.

4

Innehalten
und die Perspektive
ändern

Was tun, wenn Sie sich hilflos fühlen?

Sie sind manchmal ratlos und wissen nicht, was Sie tun sollen? Das kann viele Gründe haben. Vielleicht hängen Sie in einem Job, einem Konflikt, einer Beziehung fest oder haben keine Ahnung, welche Entscheidung Sie am besten treffen. Dieses Gefühl kann lähmend sein. Sie wissen zwar, dass etwas Bestimmtes nicht so bleiben kann, wie es ist, und dass Sie handeln müssen, fühlen sich aber wie paralysiert.

Das Gefühl festzustecken ist oft ein Zeichen für bevorstehende Veränderungen. Es ist uns aber nicht immer bewusst. Stattdessen haben wir nur ein Gefühl von Trägheit, und das ist meistens frustrierend. Manchmal aber auch ganz bequem, dann nämlich, wenn wir im tiefsten Inneren schon ahnen, dass Handeln nach Veränderungen rufen würde, zu denen wir allerdings (noch) nicht bereit sind.

Die folgende Übung setzt vollkommene Ehrlichkeit voraus.

Die Ehrlichkeit der Gefühle

Dauer: dreißig bis vierzig Minuten
Häufigkeit: wann immer Sie das Gefühl haben
festzustecken
Ort: im Freien wäre toll, es geht aber auch überall sonst

Vorbereitung

• Was Sie brauchen, sind Notizbuch und Stift.

Übung

• Notieren Sie auf einer linken Seite, was Sie gerade umtreibt, die Veränderung oder Situation, um die es geht.

• Dann schreiben Sie alle mit diesem Problem zusammenhängenden Gefühle auf: eins pro Zeile auf der linken Seite. Die rechte werden Sie gleich noch benötigen.

• Sollten Sie mehr als eine Seite brauchen, schreiben Sie auf der nächsten linken weiter. So auch bei den folgenden Listen: immer nur die linke Seite verwenden, auf jede Zeile kommt eine Beobachtung.

- Notieren Sie jeden Gedanken zu Ihrer Situation, positiv oder negativ. Schreiben Sie möglichst viel auf und gehen Sie dabei so weit in die Tiefe, wie Sie können. Nichts zurückhalten!

- Schreiben Sie dann auf, wie sich das aktuelle Problem auf Ihr gesamtes Leben auswirkt.

- Schließlich notieren Sie Ihre Gedanken und Gefühle in Bezug auf Menschen, die eventuell mit von der Situation betroffen sind.

- Machen Sie dann eine Pause. Stehen Sie auf, gehen Sie, bewegen Sie sich. Tun Sie, was sich für Sie gerade am besten anfühlt. Dieser »Break State« genannte Zustand ist vor allem deshalb sinnvoll, weil Sie sich ja gerade mit dem Thema »Feststecken« befassen. Danach bringen Sie die Übung an einem anderen Sitzplatz zu Ende.

- Nun lesen Sie sich als unparteiischer Zeuge alle Zeilen einzeln durch. Auf der rechten Seite halten Sie Ihre jeweilige Reaktion darauf fest. Der Sinn der Übung besteht nicht darin, die Fakten zu ignorieren oder sich eine schlimme Situation schönzureden. Vielmehr geht es darum, dass Sie sich total ehrlich und authentisch mit den Dingen auseinandersetzen, die Sie geschrieben haben. Sie haben das Gefühl, nicht weiterzukommen? Fragen Sie sich, was es damit auf sich hat. Denn Sie müssen wissen: Ihre Gefühle sind immer real. Die ihnen zugrunde liegenden Gedanken allerdings sind nicht unbedingt wahr.

- Nachdem Sie mit allem durch sind, lassen Sie sich etwas Zeit für die Dinge, die Sie herausgefunden haben. Welche neuen Einsichten sind Ihnen gekommen? Können Sie erkennen, welche Handlungsschritte jetzt für Sie wichtig sind?

- Schlagen Sie schließlich eine leere Doppelseite Ihres Notizbuches auf und schreiben Sie auf die eine Seite »Entscheidungen« und auf die andere »Risiken«. Welche Entscheidungen können Sie jetzt treffen? Und zu welchen (kleinen) Risiken wären Sie bereit? Schreiben Sie so viel auf wie irgend möglich.

Wie Sie sich aus einer schwierigen Situation lösen können

Da wir alle täglich mit Menschen zu tun haben, sei es persönlich oder virtuell, wissen wir auch, dass Beziehungen nicht immer glatt laufen. Manchmal kommt es zu Konflikten, bei der Arbeit mit der Chefin, einem Kollegen, Teammitglied oder Kunden. Privat können Konflikte mit Eltern, dem Partner, mit Kindern, Geschwistern oder auch Freunden entstehen.

Diese Konflikte können zu Spannungen führen, die schwer zu überwinden sind. Es schmerzt, wenn einem unrecht getan wird. Und dann möchte man den eigenen Standpunkt gern verteidigen. Das ist ganz natürlich, doch fällt es in einer defensiven Position ausgesprochen schwer, sowohl sich selbst Mitgefühl und Empathie entgegenzubringen als auch dem oder den anderen. Überdies verlieren wir dabei leicht den Zugang zu unserer inneren Weisheit.

Die folgende Übung bietet die Chance, einen Schritt zurückzutreten und die Situation neu zu beurteilen. Sie fördert die Empathie und ermöglicht es Ihnen wieder, flexibel und kreativ zu denken.

Wohlgemerkt: Bei dieser Übung geht es nicht unbedingt darum, im anderen das Gute zu sehen. Manchmal war diese Person schlicht und einfach ungerecht. Sollte das der Fall sein, muss es in dieser Übung deutlich ausgesprochen werden, weil Sie sich sonst weiterhin ungerecht behandelt fühlen.

Die Wahrnehmungspositionen

Dauer: zwanzig bis dreißig Minuten
Häufigkeit: bei jedem Konflikt mit einem anderen
Ort: ein ruhiges Plätzchen zu Hause oder bei der Arbeit, an dem Sie nicht gestört werden

Vorbereitung

• Sie brauchen drei Blatt Papier und einen Stift.

• Denken Sie an die Person oder Situation, die Sie belastet.

• Auf ein Blatt schreiben Sie POSITION EINS: ICH.

• Auf ein zweites schreiben Sie POSITION ZWEI und dahinter den Namen der anderen Person. Nennen wir sie der Einfachheit halber Joe.

• Aufs dritte Blatt schreiben Sie POSITION DREI: BEOBACHTER.

• Legen Sie das Blatt, das Sie repräsentiert, auf den Boden.

• Legen Sie das zweite gegenüber – so weit vom ersten entfernt, wie es sich für Sie richtig anfühlt.

• Das dritte Blatt legen Sie links oder rechts neben die ersten beiden, sodass ein Dreieck entsteht.

Fortsetzung

Übung

• Nachdem alle Blätter auf dem Boden liegen, treten Sie auf POSITION EINS: Schauen Sie zu POSITION ZWEI und denken Sie dabei an Joe. Stellen Sie sich vor, er würde vor Ihnen stehen.

• Werden Sie sich der Gedanken und Gefühle bewusst, die in Ihnen aufsteigen. Nehmen Sie sich genügend Zeit, um die Situation neu zu durchleben. Schauen Sie, was Sie sehen, hören Sie, was an Ihr Ohr dringt, und spüren Sie, was Sie fühlen.

• Sobald Sie bereit sind, verlassen Sie POSITION EINS und schütteln sich so lange, bis Sie im »Break State« sind.

• Begeben Sie sich dann auf POSITION ZWEI und schauen Sie zu POSITION EINS rüber. Stellen Sie sich vor, Sie wären Joe und würden sich anschauen. Schauen Sie, was er sieht, hören Sie, was an sein Ohr dringt, und spüren Sie, was er fühlt. Lassen Sie sich Zeit, damit sich Ihre Erkenntnisse entwickeln können.

- Sobald Sie bereit sind, verlassen Sie Position zwei und gehen in den »Break State«.

- Stellen Sie sich dann auf Position drei und beobachten Sie sowohl Joe als auch sich selbst aus einer unverbrauchten Perspektive. Von hier aus haben Sie Zugang zu höherer Weisheit und Führung. Als neutraler Beobachter können Sie unterschiedliche Blickwinkel einnehmen, Empfehlungen aussprechen, Vorschläge machen, Erkenntnisse weitergeben. Schauen Sie, was Sie sehen, hören Sie, was an Ihr Ohr dringt, spüren Sie, was Sie fühlen.

- Sobald Sie bereit sind, verlassen Sie Position drei und schütteln sich erneut in den »Break State«.

- Zu guter Letzt kehren Sie auf Position eins zurück. Wie fühlt sich das an? Registrieren Sie Ihre Gedanken und Gefühle. Lassen Sie die Erkenntnisse von Position drei auf sich wirken. Welche Empfindungen haben Sie jetzt Joe gegenüber?

Sobald Sie so weit sind, beenden Sie die Übung, indem Sie Position eins wieder verlassen.

5

Innehalten
und Klarheit gewinnen

Wie Sie das ständige Grübeln einstellen können

Klares Denken ist von Vorteil – allerdings schwer zu bewerkstelligen, wenn der Geist mit hundertachtzig umherprescht. Eine Möglichkeit, die Kontrolle zu behalten, stellt die Meditation dar. Sollten Sie damit noch keine oder eher durchwachsene Erfahrungen gemacht haben, könnten Sie die folgende schöne Atemübung (»Bienenatmung«, *Brahmari pranayama*) einmal ausprobieren, die den Geist einbremst und das zentrale Nervensystem beruhigt, was das Meditieren erleichtert.

Dass die Bienenatmung funktioniert, liegt daran, dass der Ton, den man dabei von sich gibt, den Geist ablenkt. Und das liebt er! Bei dieser Übung werden Seh- und Hörsinn blockiert, und das Summen erzeugt eine innere Schwingung. Auf dieses Summen geht auch der Name zurück: Es hört sich an wie das Geräusch von Bienen.

Regelmäßig ausgeführt, verhilft die Bienenatmung zu klarem Denken in allen Situationen. Das können Sie mir glauben!

Die Bienenatmung

Dauer: zehn bis fünfzehn Minuten
Häufigkeit: täglich, wenn Sie mögen;
es ist eine herrliche Übung für die Morgenstunden
Ort: ein ruhiges Plätzchen, an dem niemand Sie stört

Vorbereitung

- Lesen Sie sich den folgenden Text zunächst ganz durch.

- Suchen Sie sich einen Ort, an dem Sie einige Minuten allein sein und aufrecht, aber bequem dasitzen können.

- Scannen Sie Ihren Körper ab und registrieren Sie, wie Sie sich fühlen.

Übung

- Machen Sie die Augen zu und bedecken Sie sie behutsam mit den Zeigefingern, die Daumen stecken Sie sich in die Ohren. Der Sinn besteht darin, Seh- und Hörsinn ein paar Momente lang auszuschalten.

- Holen Sie Luft. Beim Ausatmen geben Sie ein summendes Geräusch von sich. Stellen Sie fest, wo es entsteht. Im Brustraum, wie bei einigen, oder hinter der Kehle, was auch gut möglich ist? Lassen Sie den Ton ganz natürlich kommen.

- Wiederholen Sie dies zehn Atemzüge lang. Sie können den Ton nach Belieben variieren, beschleunigen oder verlangsamen.

- Dann reiben Sie die Hände aneinander, um sie zu erwärmen, und legen sie sich aufs Gesicht. Die Augen bleiben derweil zu.

- Nach einer Zeit öffnen Sie die Augen und nehmen die Hände vom Gesicht.

- Scannen Sie Ihren Körper erneut ab. Wie fühlen Sie sich nun?

Wie Sie sich mit Ihrer höheren Führung verbinden

Höhere Führung und Kraft zur Selbstverwirklichung bezeichnete Aristoteles mit dem Begriff Entelechie. Er unterstellt, dass in der Natur alles Lebendige von vornherein weiß, was aus ihm wird. (Man spricht hier auch von Teleologie.) So wäre etwa die große Eiche die Entelechie einer kleinen Eichel. Diese Entelechie, die jedem Lebewesen innewohnt, hat einen Anfang, eine Mitte und ein Ende, welches im ewigen Kreislauf der Natur oft einen Neuanfang einleitet.

Die folgende Übung soll Ihnen helfen, einen Zugang zu Ihrem persönlichen inneren Code zu finden, und stellt für Sie somit eine Chance dar, sich besser kennenzulernen. Wichtig ist dabei, dass Sie sich klarmachen: Sie suchen hier nicht nach der ultimativen

Antwort, und der Prozess verläuft nicht linear. Vielmehr erkunden Sie Ihre innere Landkarte, und die lässt sich von da an immer wieder zurate ziehen. Die Idee dahinter: Je aufgeschlossener Sie Ihrer Landkarte gegenüber sind, desto kreativer werden auch die Entscheidungen sein, die Sie treffen.

Sie werden sich jetzt einen Brief schreiben. Genauer gesagt: Ihr zukünftiges Selbst schreibt Ihrem gegenwärtigen. Und zwar teilt es mit Ihnen seine Erkenntnisse über das Leben, über Liebe und Arbeit genauso wie über Ihre Träume, Hoffnungen, Ängste und Überzeugungen. So erfahren Sie, welche Rolle Erfolg in Ihrem Leben gespielt hat, inwiefern Sie andere berührt und was Sie verändert haben.

Entelechie

Dauer: dreißig bis vierzig Minuten
Häufigkeit: hin und wieder
Ort: ein ruhiger Platz zu Hause, an dem Sie nicht
gestört werden

Vorbereitung

• Schaffen Sie eine beruhigende Atmosphäre. Wenn Sie
mögen, zünden Sie eine Kerze oder Räucherwerk an.

• Legen Sie sich Papier und Stift zurecht.

Übung

• Kommen Sie in aller Ruhe an dem von Ihnen gewählten Platz an und reisen Sie gedanklich an einen bestimmten Punkt in weiter Zukunft. Vielleicht zu Ihrem neunzigsten Geburtstag? Oder bis zu einem Moment in dreißig oder vierzig Jahren? Lassen Sie sich total auf Ihr zukünftiges Selbst ein: Wer oder was sind Sie – und in wessen Begleitung? Sobald Sie sich so eng mit Ihrem künftigen Selbst verbunden fühlen, dass Sie es verkörpern, fangen Sie an zu schreiben.

• Beginnen Sie mit »Liebe(r)« und ergänzen Sie Ihren Namen. Sehen Sie zu, dass sich Ihr künftiges Ich voller Güte, Mitgefühl, Weisheit, Ehrlichkeit und Hoffnung an Sie, so wie Sie heute sind, wendet. Schreiben Sie, solange Sie wollen, und geben Sie sich allen Gefühlen hin, die sich entwickeln.

• Anschließend denken Sie eine Weile über das Geschriebene nach. Sobald Sie bereit sind (eventuell auch erst an einem anderen Tag), lesen Sie sich alles noch einmal durch. Vielleicht möchten Sie den Brief auch einem vertrauten Menschen zeigen? Sie können sich alljährlich so schreiben oder auch öfter, wenn Sie sich ein Mehr an innerer Führung wünschen.

6

Innehalten
und dankbar sein

Das Herz öffnen

Das Herz ist sehr verletzlich. Es kann nicht nur brechen, wenn eine Beziehung scheitert, oder beim Tod einer geliebten Person, sondern auch, wenn wir ungerecht behandelt werden oder im Fernsehen die Katastrophen mit ansehen, die anderen Menschen zustoßen. Herzschmerz und Kindheitstraumata können sogar auf ein früheres Leben zurückgehen.

Inmitten eines solchen emotionalen Aufruhrs neigen wir leicht dazu, das Herz zu verschließen, um es vor weiterem Schmerz zu schützen. Doch das reduziert auch unsere Fähigkeit, zu lieben. Die folgende Übung – *Anahatasana* oder »Gestreckte Welpenhaltung« – stammt aus dem Yin Yoga und hilft dabei, das Herz zu öffnen und wieder Dankbarkeit zu empfinden, ohne irgendetwas erzwingen zu wollen.

Die meist passiveren Asanas des Yin Yoga unterscheiden sich von denen der dynamischeren Formen. Sie werden jeweils drei bis fünf Minuten gehalten, sodass den Faszien, jenem dichten Netz aus Bindegewebe, das Organe, Muskeln und Nerven umgibt, genügend Zeit bleibt, sich auszudehnen und zu entspannen. Dieser Prozess kann die Freisetzung von im Körper gespeicherten Traumata einleiten.

Gestreckte Welpenhaltung

Dauer: zehn Minuten

Häufigkeit: nach Bedarf, aber gern auch als täglich praktizierte Morgenübung

Ort: zu Hause

Vorbereitung

- Legen Sie eine Yogamatte, Decke oder ein zusammengelegtes Badetuch auf den Boden.

- Ziehen Sie sich etwas Bequemes an.

- Wenn Sie mögen, können Sie eine Kerze oder ein wenig Räucherwerk anzünden.

Übung

- Sitzen Sie zunächst einige Minuten auf der Matte, bevor Sie sich auf sich einstimmen. Wie geht es Ihnen heute? Beobachten Sie Ihre Atmung, ohne irgendetwas an ihr verändern zu wollen.

- Gehen Sie dann in den Vierfüßlerstand, auf Hände und Knie, und »laufen« Sie mit den Händen langsam vorwärts. Das Becken bleibt über den Knien, die Brust entspannt sich zum Boden hin. Während das Becken weiterhin über den Knien steht, legen Sie die Stirn auf dem Boden ab. Wenn möglich, bleiben die Hände schulterbreit auseinander. Halten Sie die Stellung drei bis fünf Minuten lang.

- Wenn Sie so weit sind, »laufen« Sie mit den Händen so weit zurück, bis Sie auf den Fersen zu sitzen kommen; der Kopf ist dabei immer noch am Boden. Führen Sie die Arme an Ihre Körperseiten, die Fingerspitzen zeigen zu den Füßen. Nun befinden Sie sich in der Stellung des Kindes. In ihr verweilen Sie, solange Sie mögen.

Wie Sie sich zu schätzen lernen

Wie oft nehmen Sie eigentlich bewusst das Gute in sich zur Kenntnis? Viele von uns ignorieren es ja, weil sie nicht als arrogant oder angeberisch gelten wollen. Doch solange wir der Freude an unserem wahren Ich keinen Raum und keine Zeit geben, schleicht sich die Selbstkritik ein. Die folgende Übung besteht aus einem Dankesbrief, den Sie sich schreiben, und dient dazu, dass Sie sich voller Mitgefühl mit dem Ihnen innewohnenden Guten verbinden. Wenn Sie mögen, können Sie dabei gern eine Musik abspielen.

Schreiben Sie sich einen Dankesbrief

Dauer: zwanzig bis dreißig Minuten

Häufigkeit: wann immer Ihnen auffällt, dass Sie zu hart mit sich ins Gericht gehen

Ort: ein inspirierender Lieblingsplatz, an dem Sie sonst vielleicht Tagebuch schreiben

Vorbereitung

• Sie brauchen Schreibpapier, Umschlag und Stift.

Übung

• In diesem Brief fassen Sie die Dankbarkeit und Wertschätzung, die Sie sich entgegenbringen, in Worte. Ganz so, als würden Sie einem geliebten Menschen schreiben, voller Zuneigung und Mitgefühl. Erwähnen Sie Ihre Stärken, die Eigenschaften, für die Sie am dankbarsten sind, und die Unterstützung, die Sie genießen.

• Fangen Sie mit »Liebe(r)« an und ergänzen Sie Ihren Namen. Hören Sie erst zu schreiben auf, wenn alles gesagt und nichts mehr hinzuzufügen ist.

• Anschließend lesen Sie sich den Brief durch oder Sie lesen ihn sogar laut. Dann stecken Sie ihn in einen Umschlag und kleben diesen zu. Verwahren Sie ihn an einem Plätzchen, an dem Sie ihn immer hervorholen können, wenn Ihr Herz ein wenig Zuspruch braucht.

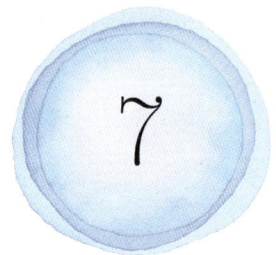

7

Pause
auch mal
für die Technik

Wege aus der Smartphone-Sucht

Greifen Sie nach dem Aufstehen morgens als Erstes zu Ihrem Smartphone? Sind Sie den ganzen Tag über in jeder freien Minute mit dem Gerät verbunden, indem Sie Apps, Messages, Postings und die sozialen Medien checken? All das ist mittlerweile so weitverbreitet, dass Sie vermutlich nicht einmal auf die Idee kämen, darin eine Sucht zu sehen. Schließlich sind Sie ja über das Smartphone mit Ihrer gesamten Community weltweit verbunden, es ermöglicht es Ihnen, von überall aus Geschäfte zu machen, sorgt dafür, dass Sie pünktlich an Ihr Ziel kommen, und es verbindet Sie mit den neuesten Nachrichtenn. Ob Sie auch noch ohne leben könnten? Und wie das wohl wäre?

Obwohl es sich ja um eine blutjunge Technologie handelt, ist ein Leben ohne Smartphone für die meisten von uns kaum mehr vorstellbar. Doch sind wir Menschen für ständige Erreichbarkeit nicht gemacht. Gesunde Smartphone-Gewohnheiten ermöglichen es Ihnen, den Bedürfnissen Ihres Herzens gemäß mit sich und Ihrer Umwelt in Verbindung zu bleiben.

Die folgende Übung, »Der elektronische Sonnenuntergang«, soll Ihnen beim Ausstieg aus der Smartphone-Sucht helfen.

Der elektronische Sonnenuntergang

***

Dauer: zwei Minuten
Häufigkeit: sieben Tage lang jeden Abend
Ort: wo Sie gerade sind

Vorbereitung

• Fassen Sie Ihren Entschluss und kaufen Sie sich einen
Wecker.

Übung

• Der im Folgenden beschriebene Prozess setzt Ihrer Smartphone-Nutzung abendliche Grenzen. Diese bestimmen Sie selbstverständlich selbst: vielleicht eine Stunde vor dem Zubettgehen? Zu der Zeit verbinden Sie das Gerät von nun an allabendlich mit einer Ladestation in der Küche (oder sonst wo, nur nicht im Schlafzimmer) und schalten den Flugmodus ein. Indem Sie es nachts nicht bei sich haben, gönnen Sie sich und Ihrem Telefon eine wohlverdiente Pause voneinander.

• Damit keinerlei Notwendigkeit besteht, Ihr Smartphone nachts bei sich im Schlafzimmer zu haben, stellen Sie sich einen »richtigen« Wecker. Dies vermindert auch den Drang, beim Aufwachen sofort nach dem Telefon zu greifen. Üben Sie das sieben Tage lang und schauen Sie, was passiert.

Wie Sie FOMO in Schach halten

Die Angst, etwas zu verpassen (fear of missing out, FOMO), kann jeden von uns jederzeit überfallen – beim Kaffeetrinken mit Freunden, wenn Kollegen befördert werden, bei einer Unterhaltung am Schultor – und die sozialen Medien verstärken sie nur noch. Die flüchtigen digitalen Blicke in andere Leben befeuern eine gewisse innere Angst und werfen die Frage auf: Sollte ich nicht auch glamouröser, aufregender, lustvoller leben?

FOMO stellt eine Form der Sozialangst dar, die Sorge, dass andere glücklicher, reicher und zufriedener sein könnten als man selbst. Wer FOMO empfindet, hat sich mit großer Wahrscheinlichkeit weit von sich, vom eigenen Wesen entfernt und ist in die Welt anderer geschlüpft. Sobald Sie das begriffen haben, erkennen Sie auch, dass der Ausweg darin besteht, sich wieder in Ihrer ureigenen Wirklichkeit zu erden, statt sich an Fremden und deren Besitz zu orientieren.

In der folgenden Übung stellen Sie sich einige wichtige Fragen, deren Beantwortung Ihnen hilft, wieder ganz zu sich und Ihrer Persönlichkeit zurückzufinden.

Sie – in Ihrer ureigenen Wirklichkeit

Dauer: zehn bis zwanzig Minuten
Häufigkeit: sobald ein Anfall von FOMO droht
Ort: überall, wo Sie Tagebuch schreiben können

Vorbereitung
• Was Sie brauchen, sind Ihr Tagebuch und ein Stift.

Übung
• Stellen Sie sich die folgenden Fragen und halten Sie die Antworten in Ihrem Tagebuch fest.

• GLAUBE
Was glaube ich von mir?
Inwiefern überschätze bzw. unterschätze ich mich?
Und wie sieht die Wahrheit aus?

• VERTRAUEN
Was ist an mir als Person vertrauenswürdig?
Worauf kann ich mich gegenwärtig verlassen?
Welchen Menschen kann ich vertrauen?
Kann ich dem Leben vertrauen?

• ERDUNG
Welche Leitbilder sind mir die wichtigsten?
Wie sehen meine persönlichen Wertvorstellungen aus?
Was wünsche ich mir am meisten vom Leben?

Innehalten

und erholsamen Schlaf finden

8

So laden Sie den Schlaf ein

Die meisten frischgebackenen Mütter wissen instinktiv, dass ihr Neugeborenes einen festen Rhythmus braucht. Für uns Erwachsene dagegen gibt es in dieser schnelllebigen Welt nur noch wenige regelmäßige Abläufe; sowohl bei der Arbeit als auch zu Hause reagieren wir eher auf die Bedürfnisse anderer als auf die eigenen. Dieses Fehlen von Rhythmen kann dazu führen, dass wir zwar tagsüber müde sind, zur Schlafenszeit aber total aufgedreht. Also lassen wir uns zwar erschöpft in die Laken fallen, doch der Kopf gibt partout keine Ruhe. Ein allabendliches Ritual kann da ein wahrer Segen sein. Es muss auch nicht lange dauern – allein die Gewohnheit, abends stets zur selben Zeit dasselbe zu tun, wirkt schon beruhigend auf das zentrale Nervensystem.

Das folgende Abendritual ist lediglich ein Vorschlag; selbstverständlich können Sie sich gern Ihr eigenes auf den Leib schneidern. Stets zu einer bestimmten Zeit ins Bett zu gehen aber ist unter allen Umständen empfehlenswert.

Ein Ritual zur Schlafenszeit

Zeit und Dauer: fünfzehn Minuten vor
dem Zubettgehen
Häufigkeit: täglich
Ort: zu Hause

Vorbereitung

• Sie benötigen: ätherisches Lavendelöl, Duftlampe
oder Diffuser, Ihr Tagebuch und einen Stift.

Übung

• Überzeugen Sie sich, dass Ihr Smartphone im Flug-
modus ist und an der Ladestation in einem anderen
Raum hängt (siehe Kap. 7). Legen Sie Schlüssel,
Brieftasche oder Portemonnaie und alles andere, was
Sie am nächsten Tag benötigen, schon mal griffbereit.

• Schließen Sie alle abendlichen Aktivitäten ab, die Sie
gewöhnlich verrichten. Gehen Sie ins Schlafzimmer,
ziehen Sie die Vorhänge zu und schalten Sie eine
Lampe an (keinesfalls das Hauptlicht). Sollten Sie ein
Duftlämpchen oder einen Diffuser besitzen, geben
Sie jetzt ein wenig Lavendelöl hinein und zünden

es beziehungsweise stellen ihn an. Auch eine Kerze könnten Sie anmachen.

- Suchen Sie sich ein bequemes Plätzchen, setzen Sie sich hin und geben Sie drei Tropfen Lavendelöl in Ihre Handflächen. Schnuppern Sie daran. Atmen Sie dreimal tief ein und sanft aus. Beim Inhalieren des Lavendelöls entspannen Sie langsam Ihre Schultern, lockern den Kiefer und horchen in Ihren Körper hinein.

- Sobald Ihr Körper relaxt ist, nehmen Sie Ihr Tagebuch zur Hand und notieren sich alles, was Ihnen durch den Kopf geht. Anschließend schreiben Sie drei Dinge auf, für die Sie heute dankbar sind.

- Legen Sie das Tagebuch dann zur Seite und schnuppern Sie noch dreimal an dem Lavendelöl. Mit jedem Ausatmen gehen Sie tiefer in die Entspannung.

- Wenn Sie so weit sind, pusten Sie Kerze und Duftlampe aus oder stellen den Diffuser ab, geben drei Tropfen Lavendelöl auf Ihr Kopfkissen, löschen das Licht und gehen zu Bett.

Loslassen, was Sie wach hält

Manchmal fällt das Einschlafen schwer, weil einem
noch zu viel durch den Kopf geht. Sollte das bei
Ihnen mehrere Abende nacheinander der Fall sein,
wäre es vielleicht keine schlechte Idee, ein Feuerritual durchzuführen. Denn Feuer wirkt transformie-
rend, erneuernd und reinigend. In den alten Weis-
heitstraditionen wurde es mit Gebeten und Gaben
verehrt, und man stärkte mit seiner Kraft die eigenen
Vorsätze. Manche Gegenden pflegen solche Rituale
heute noch.

Ihre Sorgen wird Ihnen das folgende Feuerritual zwar nicht nehmen; jedoch kann es Sie dabei unterstützen, die Ängste, die Ihnen das Einschlafen erschweren, zu erkennen, sie loszulassen und zu transformieren. Sollte Ihnen also demnächst der Kopf wieder schwirren, könnten Sie es ja einmal ausprobieren und schauen, ob es Ihnen nicht hilft, tiefen, erholsamen Schlaf zu finden.

Ein Feuerritual

Dauer: zwanzig bis dreißig Minuten
Häufigkeit: gelegentlich, wenn Sie nicht einschlafen
können, oder auch bei Neu- oder Vollmond
Ort: zu Hause

Vorbereitung

- Die Vorbereitung besteht aus zwei Teilen. Der erste: einen Platz suchen, an dem Sie gefahrlos Feuer machen können. Sollten Sie in Ihren Räumlichkeiten oder im Garten eine offene Feuerstelle haben, bereiten Sie schon einmal alles vor. Besitzen Sie nichts dergleichen, können Sie Ihr Papier auch über einer Kerzenflamme verbrennen.

- Zweiter Teil der Vorbereitung: Ihre Ängste und Sorgen einzeln auf Papierstückchen schreiben.

- Optional können Sie zur zusätzlichen Reinigung Räuchersalbei *(Salvia apiana)* oder Palo-Santo-Sticks (Stückchen von duftendem Holz von *Bursera graveolens*, heimisch in Süd- und Mittelamerika) bereithalten.

Übung

- Sollten Sie mit Salbei oder Palo-Santo-Sticks arbeiten wollen, zünden Sie das Räucherwerk zuerst an, um den Bereich, in dem Sie das Ritual durchführen, mit dem Rauch zu reinigen.

- Dann zünden Sie Ihr Feuer oder Ihre Kerze an und schauen eine Weile in die aufsteigenden Flammen.

- Wenn Sie so weit sind, nehmen Sie das erste Stück Papier, lesen es (laut oder stumm) und übergeben es in Ihrem persönlichen Tempo den Flammen. Beobachten Sie das Farbenspiel des Feuers und achten Sie darauf, wie es sich körperlich für Sie anfühlt, zu sehen, dass die Hitze Ihr Papier in Asche verwandelt. Wiederholen Sie diesen Vorgang so oft, bis Sie alle Papierstückchen dem Feuer überantwortet haben.

- Bleiben Sie, auf Ihren Körper fokussiert, noch einen Moment sitzen. Zum Schluss pusten Sie die Kerze aus. Ihr Feuer dürfen Sie, sollten keine Sicherheitsbedenken dagegen sprechen, einfach verglühen lassen. Anderenfalls löschen Sie es, bevor Sie zu Bett gehen.

9

Innehalten –
der inneren Ruhe wegen

Praktizierte liebende Güte

Die Fähigkeit, anderen mit liebender Güte zu begeg-
nen, beruht darauf, dass wir mit uns selbst lieb und
gut umgehen.

Die folgende Übung, bei der Sie stumm einige über-
lieferte Sätze rezitieren, besteht aus zwei Teilen: Zunächst richten Sie Ihre liebende Güte auf sich selbst
und danach auf einen anderen. Sollten sich Gefühle
einstellen wie Frust, Gereiztheit oder Zorn, lenken
Sie Ihre liebende Güte wieder zu sich zurück.

Liebende-Güte-Meditation

***

Dauer: fünfzehn bis zwanzig Minuten
Häufigkeit: nach Belieben
Ort: ein ruhiges Plätzchen

Vorbereitung

• keine erforderlich

Übung

• Sitzen Sie bequem; Ihr Körper ruht und entspannt sich.
  Nehmen Sie alles zur Kenntnis, was Sie beschäftigt,
  und stellen Sie es bewusst hintan. Ihr Herz ist weich
  und weit geöffnet, die Atmung unangestrengt.

• Indem Sie die folgenden Sätze sich selbst und Ihrem
  Wohlbefinden widmen, beginnen Sie die Meditation.
  Wiederholen Sie die Worte so lange, bis sich Ihr
  Herz noch weiter öffnet und Ihr Körper von liebender
  Güte schier überflutet wird.

- *Möge ich von liebender Güte erfüllt sein.*

- *Möge ich frei sein von innerer und äußerer Not.*

- *Möge ich gesund und heil sein.*

- *Möge ich glücklich und zufrieden sein.*

- Nach etwa zehn Minuten erweitern Sie Ihre Meditation um eine Person. Wählen Sie jemanden, der Sie liebt und dem Sie am Herzen liegen. Stellen Sie sich diese Person vor, während Sie die folgenden Sätze rezitieren:

- *Mögest du von liebender Güte erfüllt sein.*

- *Mögest du frei sein von innerer und äußerer Not.*

- *Mögest du gesund und heil sein.*

- *Mögest du glücklich und zufrieden sein.*

- Öffnen Sie im Verlauf der Übung Ihr Herz immer weiter und bringen Sie damit die Samen von Liebe und Güte aus.

Wie Sie sich nach großem Kummer wieder mit Ihrem Herzen verbinden können

Die natürliche Reaktion auf schlimmen Herzschmerz besteht darin, die Schichten des persönlichen Schutzmantels noch zu vermehren, um weitere Schmerzen und Verletzungen zu verhindern. Öffnet man dann allerdings das Herz nicht auch wieder für die Liebe, können aus dem Schutzmantel Zynismus und Verbitterung erwachsen. Die folgende einfache Übung ermöglicht es Ihnen, sich neu mit Ihrem Herzen zu verbinden und auf diese Weise zur Liebe zurückzufinden.

Meditation zur Heilung des Herzens

Dauer: zehn Minuten
Häufigkeit: wann immer Sie sich der Liebe
öffnen möchten
Ort: zu Hause

Vorbereitung

• Legen Sie eine Yogamatte oder Decke auf den Boden.

Übung

• Legen Sie sich flach auf den Rücken; die Beine sind
leicht gespreizt, die Arme etwas vom Körper weg lang
ausgestreckt, die Handflächen zeigen nach oben. Dann
schließen Sie die Augen und kommen erst einmal an.

• Entspannen Sie beim Ausatmen Ihr Gesicht. Beim
nächsten Ausatmen lassen Sie jegliche Verspannung
der Schultern los. Atmen Sie ruhig weiter: ein und
aus. Lassen Sie alle Spannungen im Bauch los, in den
Beinen und schließlich im ganzen Körper.

- Nun verändern Sie den normalen Weg des Atems durch den Körper. Beim nächsten Einatmen stellen Sie sich vor, die Luft würde in Ihre rechte Hand eindringen und sich von dort durch den Arm weiterbewegen, bis sie Ihr Herz erreicht. Anschließend atmen Sie durch die linke Hand ein und schicken die Luft von dort aus ins Herz. Fünf Wiederholungen.

- Nun atmen Sie direkt in Ihr Herz und lassen die Luft von dort aus in den Kopf aufsteigen. Fünf Wiederholungen.

- Dann atmen Sie in Ihr Herz und lassen die Luft in die Füße hinabfließen. Fünf Wiederholungen.

- Legen Sie jetzt die Hand auf Ihr Herz und schicken Sie den Atem direkt unter Ihre Hand. Fünf Atemzüge lang.

- Während Ihre Hand noch auf dem Herzen liegt, nehmen Sie sich vor, sehr lieb zu sich zu sein. Lassen Sie diesen Vorsatz in Ihr Herz eindringen und Ihr gesamtes Wesen erfüllen.

- Lassen Sie die Hand dann wieder an Ihre Körperseite gleiten und spüren Sie eine Weile die Offenheit in Ihrem Herzen. Schließlich legen Sie sich auf eine Seite und nehmen die Embryonalstellung ein. Dies erinnert Sie daran, dass Sie sich im Notfall jederzeit selbst beschützen können.

Innehalten und in Balance kommen

10

So erden Sie sich, sollten Sie einmal das Gleichgewicht verloren haben

Die nächste einfache Übung können Sie regelmäßig durchführen, gern auch täglich, wenn Sie mögen. Sie nimmt nur wenige Minuten in Anspruch und eignet sich sogar für die Mittagspause im Freien – an einen Baum gelehnt, auf einer Dachterrasse oder Parkbank.

Erdende Meditation

Dauer: zehn Minuten
Häufigkeit: wann immer Sie sich geerdeter
fühlen möchten
Ort: draußen, im Sitzen

Vorbereitung

• nicht erforderlich

Übung

• Sobald Sie einen Platz zum Sitzen gefunden haben, spüren Sie Ihre Füße auf dem Boden und lehnen sich zurück. Sie möchten die Schuhe ausziehen? Nur zu! Barfuß zu sein verstärkt die Erdung, insbesonere auf Gras.

• Fokussieren Sie sich auf den Kontakt mit dem Boden sowie der Fläche, auf der Sie sitzen. Schauen Sie mit weichem Blick, damit Sie nicht alles Äußere mitbekommen. Lenken Sie Ihre Aufmerksamkeit auf Tempo und Rhythmus Ihrer Atmung, ohne diese auf irgendeine Weise zu verändern.

• Dann richten Sie Ihr Interesse wieder mehr nach außen: Nehmen Sie die Luft auf Ihrer Haut wahr. Wie fühlt sie sich an? Ist sie feucht oder trocken, warm oder kühl? Spüren Sie Sonnenschein, Nebel oder ein leichtes Windchen auf der Haut?

- Was hören Sie? Blätterrascheln? Spielende Kinder ganz in der Nähe? Vielleicht Verkehrslärm oder die Geräusche eines Flugzeugs? Nehmen Sie wahr, was Sie fühlen und hören.

- Dehnen Sie nun Ihre Aufmerksamkeit so weit wie möglich aus, bis an den Horizont oder in den Himmel hoch. Ihr Blick ist weich. Vergessen Sie nicht zu atmen, während sich Ihre Aufmerksamkeit ganz natürlich immer weiter hinausstreckt. Sollte Ihr Geist rasen, fokussieren Sie sich wieder für einen Moment auf den Boden unter Ihren Füßen, atmen ruhig und gestatten Ihrer Aufmerksamkeit neu, sich immer weiter auszubreiten.

- Lockern Sie die Schultern und entspannen Sie Ihre Kieferpartie, während mit jedem Atemzug ein weiteres Stückchen Welt von Ihrer Aufmerksamkeit erfasst wird.

- Sobald Sie dazu bereit sind, richten Sie den Fokus wieder auf das Plätzchen, auf dem Sie sitzen. Betrachten Sie die kleinen Details – Gras oder Blumen, Risse im Boden, das Licht und die Schatten, die es wirft.

- Mit weiterhin weichem Blick richten Sie Ihre Aufmerksamkeit dann wieder auf sich und wie Sie so dasitzen. Spüren Sie Ihre Erdung. Die Füße fest auf dem Boden. Ihr Po auf der Sitzfläche, die Sie stützt. Mit auch jetzt noch weichem Blick kehren Sie zu Ihrem natürlichen Atemrhythmus zurück. Wie fühlen Sie sich nun?

Wie Sie sich vor negativer Energie schützen

Täglich sind wir Energie ausgesetzt, die nicht die eigene ist. Sie geht auf die Jahreszeiten, auf Menschen, Werbung, Wetter, Musik, Fernsehen, WLAN und vieles mehr zurück. Sehen können wir diese Energie nicht, aber wir spüren sie; und manchmal bringt sie unseren eigenen Energiehaushalt durcheinander, ohne dass wir es überhaupt mitbekommen. Das ist auch der Grund dafür, dass sich viele am Meer gleich viel besser fühlen als in der Stadt: Die Energie dort ist uns einfach zuträglicher.

Für alle, die nicht täglich an den Strand können, habe ich im Folgenden eine Übung, die dazu dient, sie vor negativer Energie zu schützen. Sie können sie immer dann anwenden, wenn Sie wissen, dass Sie bald der Energie anderer Menschen ausgesetzt sind, wie es etwa bei der Arbeit, in öffentlichen Verkehrsmitteln oder der Begegnung mit einem »Energievampir« der Fall ist.

Sie führen die Übung am besten mit geschlossenen Augen durch. Also bitte keinesfalls am Steuer!

Lichtmeditation

———

Dauer: drei Minuten

Häufigkeit: wann immer Sie sich mit der Welt über Kreuz fühlen

Ort: ein ruhiges Plätzchen

Vorbereitung

- keine erforderlich

Übung

- Setzen Sie sich bequem hin, die Füße flach auf dem Boden. Der Stuhl trägt Ihr Gewicht. Schließen Sie die Augen und warten Sie, bis Ihr Atem zur Ruhe gekommen ist.

- Stellen Sie sich etwa zwei bis drei Zentimeter vor Ihrer Nase einen Lichtpunkt vor. Bei gleichbleibender Entfernung wandert er über Ihr Kinn und den Hals.

- Dann huscht das Licht von rechts nach links über Ihre Brust und verharrt über Ihrem Herzen, um dafür zu sorgen, dass dieser Bereich gut geschützt ist.

- Anschließend bewegt sich das Licht Ihren linken Arm hinab, über die Hand, unter Ihre Handfläche, hoch bis zur Achsel und wieder zur Brust. Den gleichen Weg nimmt es am rechten Arm.

Fortsetzung

- Stellen Sie sich dann vor, dass sich das Licht auf Ihrem ganzen Oberkörper ausbreitet, auf den Hüften und vorn über die Oberschenkel, Schienbeine und Füße.

- Dann geht das Licht noch tiefer – bis in die Erde hinein. Tiefer, tiefer, tiefer hinab ... direkt bis zum Kern der Erde. Jetzt beziehen Sie die Erdenergie direkt aus der Quelle. Ziehen Sie sie zu sich hoch, höher, über die Fersen, die Waden, die Oberschenkel, über Ihre Hüften, den unteren Rücken und die Wirbelsäule hoch. In Ihrem Nacken hält das Licht inne, um dafür zu sorgen, dass dieser Bereich gut geschützt ist. Dann fließt die Erdenergie über Ihren Hinterkopf. Am Scheitel legt sie ein Päuschen ein, um schließlich in den Himmel emporzusteigen.

- Spüren Sie, wie ein goldenes Licht vom Himmel fällt und jede einzelne Zelle Ihres Körpers berührt. Wie eine goldene Flüssigkeit strömt es mitten durch Sie hindurch und über Ihre Füße in die Erde zurück, zu jener machtvollen Energie in ihrem Inneren, die Milliarden von Jahren alt ist.

- Die majestätische Lichtkraft bedeckt Ihren ganzen Körper und kommt auf Ihrem dritten Auge zur Ruhe. An dieser Stelle erkennen Sie die Wahrheit: dass Sie rundum vollkommen beschützt sind und alles haben, was Sie brauchen. Am Scheitelpunkt Ihres Kopfes wird diese Energie versiegelt.

- Stellen Sie sich jetzt einmal vor, Sie würden zum Ziel leichter psychischer Angriffe. An Ihrem energetischen Schutzschild prallen sie ab. Es folgen mittelschwere Angriffe, die Ihrer Rüstung ebenso wenig anhaben können.

- Rufen Sie dann vier schwarze Einhörner an, als letzte Schicht Ihrer Verteidigung. Stellen Sie eines mit dem Gesicht nach außen vor sich, das zweite rechts neben sich, das dritte links von Ihnen und eines hinter sich. Alle schauen nach außen. Nehmen Sie sich einen Moment, um diesen energetischen Schutz zu genießen.

- Abschließend atmen Sie tief ein und aus, bewegen Finger und Fußzehen und kommen wieder ins Hier und Jetzt zurück.

Auch Innehalten will geübt werden

Mitunter mutet uns unsere Geschäftigkeit so normal an, dass wir nicht einmal mitbekommen, wie dringend wir etwas Zeit für uns bräuchten, damit sich der Geist wieder mit unserem Herzen verbinden und die Seele in den Körper zurückkehren kann.

Beim Innehalten geht es darum, inmitten des ganzen Wahnsinns wieder zu uns zu kommen. Das braucht nicht lange zu dauern und muss auch nicht kompliziert sein. Bei den Übungen in diesem Buch handelt es sich um Hilfsmittel und Prozesse, die Ihnen helfen sollen, die Pausentaste zu drücken. Manchmal aber reicht es auch schon, tief Luft zu holen und in den Himmel zu blicken. Bei anderen Gelegenheiten wiederum brauchen wir lediglich einem Menschen, der uns anspricht, in die Augen zu schauen; oder es genügt bereits, wenn wir nur die Wärme des Kaffeebechers in unseren Händen genießen. Mitunter genügt zum Innehalten sogar dieser eine Atemzug – genau jetzt, genau hier. Und dann ein weiterer …

Aber auch innehalten will geübt werden: die Kunst, inmitten des Lärms, den die anderen veranstalten, ganz wach und bei sich zu bleiben. Innehalten heißt, Mitgefühl mit sich selbst und den Menschen zu empfinden, von denen Sie umgeben sind, wenn sonst eigentlich alles nur Angst macht. Innehalten bedeutet, darauf zu vertrauen, dass das Leben für Sie ist und nicht gegen Sie und dass stets noch größere, höhere Mächte am Werk sind. Innehalten stellt Ihre Möglichkeit dar, sich selbst auf Ihrer Lebensreise an die Hand zu nehmen und einem unbekannten Ziel entgegenzugehen.

Auf den nächsten Seiten finden Sie fünf Anregungen für Ihr Tagebuch, die Ihnen helfen sollen, Ihre ganz persönliche Praxis des Innehaltens weiterzuentwickeln.

Fünf Vorschläge, das Innehalten im Alltag schreibend zu unterstützen

1 Wenn Sie Ihren Lebensweg und den Sinn Ihres Daseins besser verstehen möchten, beginnen Sie mit:
Ich fragte den Meister: »Meister, was muss ich wissen?«, und der Meister antwortete …

2 Wenn Sie Klarheit über Ihre wahren Bedürfnisse gewinnen möchten, beginnen Sie mit:
Was ich im Leben will, ist … (Gehen Sie hier in die Tiefe und beschränken Sie sich nicht auf rein materielle Aspekte.)

3 Wenn Sie das Gefühl haben festzustecken und das Alte ziehen lassen wollen, um Neues zu ermöglichen, schreiben Sie:
Ich beschließe … loszulassen.
Gefolgt von: *Dafür beschließe ich … zuzulassen.*

4 Wenn Sie wissen wollen, welche (verborgenen) Blockaden Ihnen im Weg stehen, beginnen Sie mit:

Was weigere ich mich, über mich, mein Leben, meine gegenwärtige Situation herauszufinden?

5 Wenn Sie etwas Zeit darauf verwenden wollen, über Ihr Leben nachzudenken und es zu feiern, beginnen Sie mit:

Ich empfinde tiefe Dankbarkeit dafür, dass …

Tipps fürs Tagebuchschreiben

Sobald Sie eine Zeit lang geschrieben haben, lesen Sie sich den Text noch einmal durch, betrachten gegebenenfalls auch Ihre Zeichnungen oder Verzierungen und lassen alles auf sich wirken.

Vergessen Sie nie, dass Sie Ihr Tagebuch führen dürfen und sollten, wie es Ihnen gefällt – auf jede Art und mit allen Inhalten, die Ihnen zusagen. Möglichkeiten gibt es viele:

- Schreiben Sie mit Freunden zusammen. Sie müssen es nicht allein tun. Bestimmt finden Sie Leute, die sich abends oder an den Wochenenden gern mit Ihnen treffen, um gemeinsam Tagebuch zu führen.

- Schreiben Sie im Freien. Sie müssen nicht immer im Haus bleiben. Warum lassen Sie sich nicht von der Natur inspirieren? Nehmen Sie Ihr Tagebuch mit in den Wald, auf einen Berg oder an einen See oder Fluss.

- Sie dürfen sich durchaus von Geschriebenem trennen. Sie müssen nicht alle Ihre Tagebucheinträge aufbewahren. Vielleicht möchten Sie sich ja auch an ein offenes Feuer setzen und dann eine Zeremonie durchführen, bei der Sie Ihre früheren Gedanken den Flammen übergeben.

- Und schließlich: Versuchen Sie nichts zu erzwingen. Genau wie ein guter Kaffee oder eine intensive Coaching-Sitzung brauchen auch Einsichten mitunter eine gewisse Zeit, um bei uns anzukommen. Und in Gänze offenbaren sie sich oft erst, nachdem die Übung selbst lange hinter uns liegt.

Mit großem Dank

an das Leben,
unseren unermüdlichen Lehrmeister.

Wenn Sie bereit sind, noch etwas intensiver
innezuhalten, besuchen Sie mich auf
www.thepauseretreats.com